TAI JI

In der Bewegung
zu Harmonie
und Lebensfreude
finden.
Einführung und
Anleitung.

Chungliang
Al Huang

Fotos
Si Chi Ko

GU Gräfe
und
Unzer

CIP-Titelaufnahme der Deutschen
Bibliothek

Huang, Chungliang Al

Tai Ji: In der Bewegung zu Harmonie u.
Lebensfreude finden; Einf. u. Anleitung/
Chungliang Al Huang – München: Gräfe
u. Unzer, 1988
(ganzheitlich leben)
ISBN 3-7742-2473-0

© 1988 Gräfe und Unzer GmbH,
München
Alle Rechte vorbehalten. Nachdruck,
auch auszugsweise, sowie Verbreitung
durch Film, Funk und Fernsehen, durch
fotomechanische Wiedergabe, Tonträger
und Datenverarbeitungssysteme jeder Art
nur mit schriftlicher Genehmigung des
Verlages.

English text editor: Suzanne Pierce
Übersetzung aus dem Amerikanischen:
Ingrid Fischer, Franz Ritter
Redaktion: Doris Schimmelpfennig-Funke
Lektorat: Gritta v. Fircks
Layout: Ludwig Kaiser
Typografie und Herstellung: Robert Gigler
Fotos: Si Chi Ko
Umschlaggestaltung:
Heinz Kraxenberger, Ludwig Kaiser
Reproduktionen:
Oestreicher & Wagner GmbH
Satz: Gloor Satz Repro GmbH
Druck: Eberl GmbH

ISBN 3-7742-2473-0

Chungliang Al Huang

Tänzer, Philosoph, Kalligraph. Er lehrt
Tai Ji so, daß es für jeden zu einer
schöpferischen Erfahrung wird, zu einem
»Tanz des Lebens« für alle »Tänzer des
Lebens«.
Präsident der »Living Tao Foundation«,
einem internationalen Netzwerk, das sich
folgende Aufgaben gestellt hat:
Austausch zwischen Menschen aus
verschiedenen Kulturen zu ermöglichen,
östliche und westliche Philosophie und
Lebensgestaltung in Harmonie zu verbin-
den und die ganzheitliche Sicht vom
Menschen zu vermitteln. Niederlassun-
gen: Urbana, Illinois/USA, Basel/Schweiz.
Direktor des LAN TING Instituts, Wu Yi
Berge/China, einem west-östlichen
Kulturaustauschzentrum. Mitglied der
World Academy of Arts & Sciences,
Stockholm, Professor für Tanz, Theater
und Philosophie: UCLA, University of
Hawaii; York University, Canada;
College of Chinese Culture, Republic of
China.

Si Chi Ko

Einer der bekanntesten chinesischen
Fotokünstler. Geboren in Taiwan, Ausbil-
dung zum Fotografen in Japan. Ausge-
dehnte Weltreisen. Eigenes Fotostudio in
New York.
Seit mehr als zwanzig Jahren intensive
Zusammenarbeit mit Chungliang Al
Huang, vor allem an folgenden Werken:
»Embrace Tiger Retourn to Mountain«,
»Living Tao: Still Visions« und »Dancing
Brushes«.

Inhalt

6 Einführung

8 **Die Ursprünge des Tai Ji**
8 Einige Legenden
10 Ein Märchen, das Wahrheit
werden kann

14 **Das bedeutet
der Begriff »Tai Ji«**

21 **Das lernen wir durch Tai Ji**
21 Chi – die Lebensenergie
steigern
22 Yin–Yang–Gegensätze
in Harmonie bringen
24 Dantien – die innere
Kraftquelle stärken
26 Kai – wachsen und
loslassen
27 Hsing – Körper, Geist und
Seele in Einklang bringen

32 Das gewinnen wir durch Tai Ji

36 **Grundübungen
und ihre symbolische Bedeutung**
38 Ausgangshaltung
40 Öffne Dich zum Himmel
42 Verbinde Dich mit der Erde
45 Vereine Himmel und Erde
46 Spüre Deine Mitte
48 Steigere Deine Lebensenergie
50 Erweitere Deinen Energiekreis

56 **Tanz mit den
fünf Symbolen des Lebens**
58 Feuer – Geben
60 Wasser – Empfangen
62 Holz – Wachsen
64 Gold – Konzentrieren
66 Erde – Heimkommen

68 **So kannst Du Tai Ji mühelos
in Dein Leben einbeziehen**

Für diese Begriffe werden
auch andere Schreibweisen
verwendet:

Tai Ji   = T'ai Chi
Chi   = Ch'i, Qi, Ki
Dantien = Tan'tien

Einführung

Tai Ji weist den Weg,
der zur Harmonie
von Körper,
Geist und Seele führt.
Es ist etwas Natürliches,
das immer zur Verfügung steht,
jedem – in jedem Alter.

Es ist leicht zu lernen.
Es macht Spaß und ist spannend
zugleich.

Es ist der immerwährende
Tanz des Lebens.

Es ist für Dich!

Die Ursprünge des Tai Ji

Einige Legenden

Fu Hsi, der sagenumwobene Kaiser der ersten chinesischen
Dynastie Hsia (2205 bis 1766 v. Chr.), begründete die Praxis des
Tai Ji. Er hatte auch Offenbarungen über die ewige Wandlung
des Universums. Sie bilden die ursprünglichen Diagramme
in einem uralten chinesischen Weisheitsbuch, dem I GING
(»Das Buch der Wandlungen«).

Ein anderer Mönch, der möglicherweise während der Tang-
Dynastie lebte (618 bis 906 n. Chr.), wurde zur Erfindung von Tai Ji
inspiriert, als er den Kampf zwischen einer Schlange und einem
Spatzen beobachtete.

Ein taoistischer Mönch, der zur Zeit der Yuan-Dynastie lebte
(1279 bis 1368 n. Chr.), lernte Tai Ji in einem Traum.

Andere, wahrscheinlichere Geschichten berichten von Eremiten,
die Tai Ji vor langer Zeit als heilsame Meditation und zur Selbstver-
teidigung entwickelten.

Meine liebste Geschichte ist jedoch die folgende:

Ein Märchen, das Wahrheit werden kann

Es war einmal vor langer Zeit, da saß ein Mensch – Mann oder Frau – auf dem Gipfel eines Berges, irgendwo, in einem beliebigen Teil der Welt, und beobachtete still die Natur. Er fühlte sich so beseelt von den natürlichen Bewegungen in der Welt um sich herum, daß er spontan zu tanzen begann, indem er all jene Elemente der Natur, die er leicht erfassen konnte, in ihren Bewegungen nachahmte. Er öffnete sich vollkommen den Kräften der Natur – er wurde eins mit ihnen: Himmel, Erde, Feuer, Wasser, Bäume, Blumen, Wind, Wolken, Vögel, Fische und Schmetterlinge.

Sein Tanz beglückte ihn so sehr, daß sein ganzes Wesen sich auf das vollkommenste verwandelte. Erfüllt von einem überströmenden Glücksgefühl, gab er jeder Bewegungsfolge einen poetischen Namen: *Kosmische Seifenblase, Harmonische Yin-Yang-Schleife, Der weiße Kranich schlägt mit seinen glänzenden Flügeln, Hin- und herwogende Wolkenhände, Goldene Vögel balancieren auf einem Bein, Umarme den Tiger – kehre zum Berg zurück.* So wurde dieser Mensch zum Schöpfer des Tai Ji-Tanzes.

Dieser Moment der Schöpfung kann vor vielen tausend Jahren stattgefunden haben – oder gerade eben, jetzt, in diesem Moment, irgendwo – überall auf der Welt.

> Dieser Mensch könntest Du sein –
> Du bist der mögliche Schöpfer
> des Tai Ji!
> Du bist der Tänzer und der Tanz.
>
> Freue Dich daran!

Das bedeutet der Begriff »Tai Ji«

Schauen wir uns einmal
den Begriff »Tai Ji«
im chinesischen Original an:

Das Wort *Tai*
ähnelt dem Körper eines
Menschen, der sich weit öffnet
und sich zugleich auf die
Quelle seiner Lebenskraft
in seiner Mitte konzentriert.

Das Wort *Ji*
versinnbildlicht das ständige
Achtsam-in-sich-Hineinhorchen,
auf daß diese Meditation
in der Bewegung unablässig
vollkommener wird.

Wir können uns mit einem
wachsenden Baum vergleichen.

Von den Wurzeln
(unsere Füße und Beine)
über den Stamm
(unser Becken und unser Oberkörper)
breiten wir uns aus
mit Ästen und Zweigen
(unsere Arme und unsere Hände),
mit Blättern, Blüten und Früchten
(unsere grenzenlosen schöpferischen
Ausdrucksmöglichkeiten).

Wir sollten nicht vergessen,
demütig zu bleiben,
wenn wir über uns hinauswachsen,
uns mit dem Himmel (oberer Querstrich)
und der Erde (unterer Querstrich)
vereinen (wie das Quadrat,
das in einen Kreis übergeht),
uns ständig mit ihnen austauschen
(unendliche Achterschleife)
und so unsere Energie erneuern.

Ji ist eine Landkarte, ein Wegbereiter;
Ji zeigt uns, was wir von unserem
Körper lernen können, es bringt
das dem Körper angeborene Wissen,
seine Weisheit zum Ausdruck.

Tai Ji heißt wörtlich: *Das Höchste,
das Vollkommene* in der praktischen
Erfüllung des täglichen Lebens.

Tai Ji-Bewegungen haben
— wie auch die Bewegungen in der Natur —
wenig zu tun mit
Zweckerfüllung,
Ichkontrolle,
Berechnung.

Tai Ji ist ganz einfach da!

Wir beschreiben Tai Ji
als den
nicht verstandesmäßigen
nicht kontrollierten,
nicht beabsichtigten
Tanz der Natur,
des Lebens.

Müßte ein Tausendfüßler
die Bewegungen
seiner unzähligen Beine
mit dem Verstand kontrollieren,
das arme Tier
könnte keinen Schritt mehr tun.

Das lernen wir durch Tai Ji

In diesem Kapitel erkläre ich die Bedeutung der Kräfte, mit denen wir im Tai Ji umgehen. Es sind die Kräfte, die wir in uns tragen und von denen wir umgeben sind – wir lernen durch Tai Ji, uns ihrer bewußt zu werden und sie für unseren Alltag zu nutzen.

Chi

Chi – das sind die Kräfte des Universums, die zwischen Himmel und Erde wirken. Es ist die ursprüngliche Lebensenergie, die wir von unseren Eltern mitbekommen haben, wie sie von ihren Eltern – zurück bis zum Anbeginn der Zeiten.

Chi – das ist die Luft, die wir atmen, die Nahrung, die wir zu uns nehmen, und die Atmosphäre, die uns umgibt – sowohl die natürliche als auch die unnatürliche, für die wir gleichermaßen empfänglich sind.

Chi – das sind die Gefühle und Empfindungen, von denen wir uns anrühren lassen – entsprechend unserer persönlichen Einstellung zum Leben und unserer Art, den alltäglichen Aufgaben gerecht zu werden.

Wenn wir uns in unserer Umgebung und mit den Menschen um uns herum wohl fühlen, dann fühlen wir uns auch energiegeladen. Wir haben viel Chi-Kraft.

Wenn wir Tai Ji ausüben, lernen wir, diese Kraft so zu steigern, daß sie uns in unserem Alltag, bei der Erfüllung unserer täglichen Aufgaben, ständig zur Verfügung steht.

Wir lernen, unseren Körper so wirkungsvoll einzusetzen, daß unsere Energien ungehindert fließen können.

Um dies zu erreichen, ist es wichtig, richtig zu atmen und die richtige Körperhaltung einzunehmen. Einige der Grundübungen für den Anfänger im Tai Ji lehren dies.

Haben wir den Sinn dieser einfachen Bewegungen verstanden, dann werden sie mühelos und zu einer Quelle der Freude.

Wir erleben stets aufs neue, welch ursprüngliche schöpferische Kraft wir über diese Bewegungen in uns freisetzen können.

Yin-Yang

In den chinesischen Schriftzeichen wird die ursprüngliche
Bedeutung von *Yin-Yang* dargestellt als der unablässige Wechsel
von Schatten und Sonne auf den Hängen eines Berges.
Es ist eine Philosophie, die lehrt, daß alle Kräfte der Natur in
ständiger Wechselbeziehung zueinander stehen, so wie der Tag
auf die Nacht folgt und die warme Jahreszeit auf die kalte.
So wie Mann und Frau sich vereinigen und miteinander
harmonieren.
Yin-Yang ist das harmonische Zusammenspiel aller
gegensätzlichen Kräfte.
Yin-Yang versinnbildlicht, daß alle Kräfte untrennbar
miteinander verbunden sind, daß sie beständig danach streben,
einander zu ergänzen und sich zu vereinen.

Durch jede Körperhaltung
und jede Bewegung im Tai Ji
verwandeln sich Gegensätzlichkeiten so,
daß sie in Harmonie
diese *Yin-Yang-Wechselbeziehung*
miteinander eingehen können.

Dantien

Das Wort *Dantien*
bedeutet *Feld* oder *Speicher*
für unseren lebens-
sprühenden Wesenskern,
für die Kraft im Bauch.
Damit ist das umfassende,
das sichere Gespür
für Deine Fähigkeiten,
Deine Stärke gemeint,
das Du in Deinem Bauch
spüren kannst.

Jede Gebärde im Tai Ji,
die das Fließen
der Lebensenergie *(Chi)* ausdrückt,
beginnt und endet im *Dantien*,
der Quelle, aus der *Chi* entspringt.

Kai

Kai bedeutet:
Sich zu öffnen,
sich aufzuschließen,
sich loszulassen
– zu wachsen.

Kai wird oft benutzt,
um die Gebärden im Tai Ji,
mit denen die Wechselbeziehung
von *Yin-Yang* ausgedrückt wird,
abzuschließen,
und um sich zu sammeln.

Hsing

Hsing bedeutet im Chinesischen sowohl Geist als auch Herz; es verkörpert das Bewußtsein, daß Geist, Körper und Seele eins sind.

Im Tai Ji
sind das Herz und der Geist,
ist das Bewußtsein
im *Dantien* gesammelt.

Lasse Dir die Zeit,
wieder zu entdecken,
wie es ist,
wenn Du einen Hügel hinunterläufst,
die Arme ausgebreitet wie Flügel,
wenn Du den Himmel
über der Bergspitze erreichst,
wenn Du über den Horizont
hinauswächst –
unter Dir das Meer.

Spüre es wieder,
das Gefühl in Deinem Körper,
wenn Du stromabwärts schwimmst
– mühelos –
getragen vom Lauf des Wassers.

Das menschliche Ich ist sehr klein.
Aber
die Kraft des Lebens ist unermeßlich,
der Himmel ist ohne Grenzen,
die Erde auch.

Das gewinnen wir durch Tai Ji

Tai Ji befreit unseren Körper von Verspannungen;

es fördert die allgemeine Entspannung und regt den Kreislauf an.

Es aktiviert alle Muskeln, Sehnen und Gelenke.

Es stärkt unsere körperlichen Kräfte, ohne uns anzustrengen.

Tai Ji erhält die Jugendlichkeit und das Bewußtsein für die eigene Lebendigkeit.

Es verlangsamt den Alterungsprozeß – es ist wie ein Jungbrunnen.

Tai Ji verhilft uns zu Gelassenheit und innerer Sammlung.

Es klärt und schärft den Geist, was uns hilft, uns auf das Wesentliche

in unserem Alltag zu konzentrieren.

Wenn Körper und Geist

sich in Harmonie vereinen,

kann die Seele sich frei entfalten.

Tai Ji hilft, den Zwiespalt zwischen Körper und Seele aufzuheben.

Es lehrt uns, daß sie in Wechselbeziehungen zueinander stehen

und sich vereinen können.

Es läßt Dich erkennen, daß Dein Leben nicht nur schwierig ist,

sondern auch schön sein kann.

Tai Ji fördert das freundschaftliche Verständnis zwischen Ost und West

und macht deutlich, wie wichtig es ist, globale Zusammenhänge zu erkennen.

Tai Ji zeigt jedem von uns im Kleinen alle Aspekte der Welt im Großen.

Durch unsere Erfahrungen mit Tai Ji beginnen wir,

die Unendlichkeit des Universums zu spüren.

Unser größter Gewinn durch Tai Ji: Wir können mit gesundem Bewußtsein

und klarem Verstand unser Leben erfahren.

Die Praxis lehrt Dich,

daß Tai Ji

Dir dazu neue Kräfte verleiht.

Lerne, Dich ganz zu öffnen.

Strecke Deine Arme aus,
öffne Deine Beine.
Öffne Deine Augen und Deine Kehle.

Atme.

Öffne Deinen Brustkorb,
Dein Becken
und Dein Gesäß.
Öffne Dein Dantien.

Öffne Dein Herz und Deinen Geist.
Entspanne Dich und atme.

Du wirst spüren,
daß sich Dein Horizont erweitert,
daß Du offen wirst für Einsichten,
die Dir weiterhelfen.

Genieße diese Haltung
mit offenen Armen,
offenem Geist
und offenem Herzen.

Tai Ji ist Freude und Glück!

Grundübungen und ihre symbolische Bedeutung

Jetzt wird es Zeit,
daß Du mit Tai Ji beginnst.
Du wirst sehen,
mit seinen langsamen
Bewegungen ist es
ganz leicht und natürlich.
Und es ist ebenso leicht
und natürlich zu erlernen.

Lasse es zu!

Ausgangshaltung

Bevor wir beginnen, ist es wichtig,
daß wir uns mit der grundlegenden
Körperhaltung vertraut machen.

Stelle Dich mit lockeren Knien
bequem hin,
Deine Beine sind hüftbreit geöffnet,
die Füße stehen parallel,
Dein Körper ist entspannt,
die Wirbelsäule gerade.

Stelle Dir vor,
ein vom Himmel herabhängender
seidener Faden sei
an Deinem Scheitel befestigt
und hielte Dich aufrecht.

**Öffne Dich
zum Himmel**

Führe
Deine Arme seitlich
langsam hoch,
und öffne sie.
Wo immer
Du gerade bist,
überwinde
Decke und Dach
über Dir –
stelle Dir den
offenen Himmel
vor.

Verbinde
Dich mit dem
Universum.
Lasse den Atem
fließen,
und nimm die
natürlichen
Kräfte
(Chi)
des Himmels
in Dir auf.

Verbinde Dich mit der Erde

Spüre die Anziehungskraft der Erde, und fühle, wie sie Dich zur Erdmitte zieht. Entspanne Dich, lasse Deine Arme langsam seitlich nach unten sinken, und beuge Deine Knie leicht, als würdest Du die Energie, die aus der Erde kommt, mit Deinem Körper erforschen.

Du wirst spüren, wie Dein Körper abwechselnd hinuntergezogen und wieder losgelassen wird, wie er, einer Pumpe gleich, die Erdkräfte *(Chi)* in Dein *Dantien* saugt.

Vereine Himmel und Erde

Vereine Himmel und Erde durch eine kreisförmige Bewegung
Deiner geöffneten Arme.
Lege Deine Hände auf Dein *Dantien*. Atme ein, und spüre,
wie Dein Körper sich mit der Energie der Erde füllt. Lasse diese
Energie in Dir aufwärtsströmen, während Du die Arme
vor Dir langsam über den Kopf hebst.
Öffne Deine Arme zum Himmel, während Du Deinen Atem aus Dir
herausströmen läßt. Atme weiter aus, und lasse Deine Arme langsam
zu beiden Seiten wieder hinuntersinken.
Bringe sie in einer natürlichen Bewegung wieder zum *Dantien*
zurück.
Wenn Du übst, dann sei Dir ständig bewußt, daß Dein Atem
und Deine Bewegungen untrennbar miteinander verbunden sind.
Sie müssen einander leiten und einander antworten.

Spüre Deine Mitte

Nimm die Ausgangshaltung ein, und kreuze Deine Hände vor
Deiner Brust, direkt unter Deinem Hals.
Setze langsam einen Fuß zurück, und verlagere Dein Gewicht
dabei auf den nach hinten gestellten Fuß. Öffne gleichzeitig Deine
Arme waagerecht zu beiden Seiten.
Spüre Deine Mitte in dieser neuen, weit geöffneten Haltung.
Stelle Dich wieder in die Ausgangshaltung – verteile also
Dein Gewicht wieder gleichmäßig auf beide Beine –, und kreuze
Deine Hände wieder unter Deinem Hals.
Setze beim Üben abwechselnd das rechte und das linke Bein
nach hinten.
Du spürst, wie Du Dich öffnest und wieder sammelst und wie diese
Bewegung durch Deinen Atem reguliert wird.
Wenn Du Deine Arme öffnest, wenn Du einatmest, erweiterst Du
Deinen Horizont; wenn Du zurückkehrst in die Ausgangshaltung,
wenn Du Deinen Atem ausströmen läßt, sammelst Du Dich.
Spüre Deinem Atem nach, und lasse Deine Bewegungen dem
natürlichen Öffnen und Schließen, dem Aus und Ein, der
Blasebalgbewegung Deiner Lungen folgen.
Die *Kai Hsing*-Bewegung ist sehr wichtig; Du lernst, richtig zu
atmen, Du bekommst ein gutes Gleichgewichtsgefühl, das Dir
weiche, fließende Bewegungen bei all jenen Übungen ermöglicht,
bei denen das Gewicht verlagert wird.

Steigere Deine Lebensenergie

Nimm die Tai Ji-Ausgangshaltung ein. Spüre dem Weg Deines
Atems nach, und stelle Dir dabei vor, wie Deine Lebenskraft *(Chi)*
immerwährend von den Füßen zum Kopf strömt, durch jeden
Bereich Deines Körpers.
Atme langsam ein, und führe dabei Deine locker ausgestreckten
Arme vor Deinem Körper hoch bis in Schulterhöhe.
Atme aus, und lasse dabei Deine Arme wieder in die Ausgangs-
haltung zurücksinken.
Entspanne Deinen ganzen Körper, und bleibe elastisch, vor allem
in den Knien.

Mache die Bewegungen nicht mit Muskelkraft; stelle Dir statt
dessen vor, Deine Arme seien ganz leicht und hohl, ausgefüllt und
umflossen von Deiner Lebensenergie, der Kraft des *Chi,* vor allem
unter den Achseln. Führe Deine Arme behutsam aufwärts, als
würden sie von dieser Kraft nach oben getragen.
Achte dabei darauf, daß Deine Ellenbogen und Handgelenke
entspannt bleiben, und erlaube der Energie, Deine Arme zu
unterstützen, während sie hinauf- und hinuntergleiten.
Stelle Dir dabei vor, daß sich Dein Energiekörper über Deinen
physischen Körper hinaus ausdehnt. Das heißt, erweitere Dich in
den Raum hinein, und nutze ihn als das unterstützende Element
Deiner Bewegungen.

Nimm wahr, wie der Raum, vor allem unter Deinen sich
bewegenden Armen, immer deutlicher für Dich spürbar wird.
Während Du diese Bewegungen wiederholst – Heben und Senken,
Einatmen und Ausatmen –, erlaube Deinem Körper, sich über sich
hinaus zu dehnen und wieder in sich zu sammeln. Mache Dir dabei
die Anziehungskräfte zunutze, die der Himmel über Dir und die
Erde unter Dir haben.
Du wirst allmählich spüren, wie Deine Energie wächst und Dein
Atem tiefer wird, während Du – einer Ziehharmonika gleich – diese
sanften Bewegungen des Auf und Ab, des Ein und Aus machst.

Führe Deine locker ausgestreckten Arme hoch bis in Schulterhöhe, und lasse sie wieder in die Ausgangshaltung zurücksinken.

Erweitere Deinen Energiekreis

Um Deine natürliche Energie zu spüren, reibe Deine Handflächen
kräftig aneinander, und bewahre die so entstandene Hitze, indem
Du sie umschließt.
Forme aus der für Dich spürbar gewordenen Energie einen
kleinen warmen, rotierenden Ball, den Du sanft zwischen Deinen
Händen hin und her wiegst.
Lasse diesen Energieball wachsen, bis Du in die immer größer
werdende, wiegende Bewegung auch Deine Ellenbogen
einbeziehst.
Beginne dann langsam, die Energie zu gestalten,
forme sie zu einer quer vor Deinem Körper liegenden unendlichen
Achterschleife.
Wiege Dich locker in Deinen Knien, und lasse Deinen Energieball
weiterwachsen, bis er auch Schultern und Brustkorb einbezieht.
Fahre fort, bis schließlich die ganze Vorderseite Deines Ober-
körpers von dieser Energie umflossen ist. Bleibe Dir dabei bewußt,
daß Deine Wirbelsäule Deine Achse ist.
Du wirst spüren, wie die Energie weiterwächst, bis sie schließlich
Deinen ganzen Körper bewegt. Die immer größer werdenden
Bewegungen führen Dich in die Drehung, die auch Deine Hüften,
Deine Knie und Deine Füße einbezieht.

Umarme diesen rotierenden Ball aus Lebensenergie *(Chi)*,
und nimm ihn in Dir auf, indem Du Deine Bewegungen immer
kleiner werden läßt, und zu Deiner Mitte (Dantien) zurückkommst.
Er wird Dich vielleicht ermutigen, Dich auf umfassendere
Bewegungsfolgen im Tai Ji einzulassen.

Lasse den Energieball wachsen, bis Du auch Deine Ellenbogen in diese wiegende Bewegung einbeziehst.

Gestalte Deinen Energieball, forme ihn zu einer quer vor Deinem Körper liegenden unendlichen Achterschleife.

*Du bist
das Zentrum
der Welt,
das Herz
der Blume,
das Bewußtsein
des Ganzen
inmitten
der Menschen.*

Die Symbole des Lebens,
die Bilder im Tai Ji,
lassen wunderschöne
Vorstellungen in Dir aufsteigen.
Ihnen wohnt eine natürliche Poesie inne,
die Dich anregt und Dich leitet.

Halte Dich aber nicht fest an ihnen.

Die alten chinesischen Weisen
drückten dies so aus:
Benutze die Brücke,
um das große Wasser zu überqueren;
aber es besteht keine Notwendigkeit,
die Brücke auf Deinen Schultern
mitzuschleppen, während Du nach
dem nächsten Wasser Ausschau hältst.

Kurz und bündig gesagt:
Wenn Du die Botschaft verstanden hast,
dann häng' den Hörer auf!

Im Tai Ji versuchen wir,
alles auf die sanfte,
die leichte Weise zu tun.

Tanz mit den fünf Symbolen des Lebens

Im Laufe der Jahre habe ich fünf Figuren entwickelt und zu einer
organischen Folge von Bewegungen zusammengestellt,
die erfahrungsgemäß für den Anfänger besonders geeignet ist.

Hierbei arbeiten wir mit den alten fünf Lebenskräften der
chinesischen Philosophie; dies hilft Dir, Dein Körpergefühl zu
entwickeln.

Am Anfang wirst Du nur in den einzelnen Übungen die *Chi*-Kraft
für Dich entdecken.
Bald aber wirst Du lernen, die Übungen zu einer Folge von
Bewegungen zu verbinden, so daß Du das Fließen der *Chi*-Kraft
in Dir spüren kannst.

Feuer

Feuer ist die Lebenskraft, die Du ganz tief in Deinem Innern spürst, einer Flamme gleich, ist sie immer bereit, nach außen und nach oben hin befreit zu werden.

Nimm die Ausgangshaltung ein. Lege beide Hände auf Dein *Dantien*. Konzentriere Dich und versuche so, Deine Lebensenergie *(Chi)* anzufachen, als lodere in Deinem Bauch ein Feuer.

Sende nun die Energie aus, indem Du einen Fuß nach vorn setzt, und die Feuerkraft aus Deiner Mitte durch Arme und Hände nach oben fließen läßt.

Deine Füße haben also eine neue Position eingenommen; Dein Gewicht bleibt dabei zentriert auf beiden Beinen, Deine Knie bleiben locker.

Werde zur Flamme.

Nimm keine schiefe Körperhaltung ein.

Feuer ist Geben.

Wasser

Mit der Vollendung von *Feuer* hat sich Deine Energie voll
ausgedehnt – Deine Arme haben die Lebenskraft *(Chi)* nach vorn
und aufwärts fließen lassen, wobei Du Deinen Schwerpunkt
gut zentriert zwischen beiden Beinen bewahrt hast.
Nun bist Du bereit, diese Kraft wieder in Dir aufzunehmen, und sie
in die sanftere *Chi*-Energie des Wassers zu verwandeln.
Die Kraft des Wassers ist also die ins Sanfte *(Yin)* verwandelte Form
der Feuerkraft *(Yang)*.
Erlaube Deinen Armen, weiter zu steigen, bis über Deinen Kopf.
Schöpfe dort die Energie mit Deinen Händen und lasse sie – einem
zärtlich fließenden Wasserfall gleich – an Dir heruntergleiten,
indem Du mit den Händen ganz langsam über Gesicht, Hals,
Schultern und Körper streichst.
Nimm Dir die Zeit, diese verjüngende Kraft des *Chi* an jeder Stelle
Deines Körpers wirken zu lassen, sammle sie dann wieder in ihrem
unerschöpflichen Speicher – Deinem *Dantien*.
Führe Deine Hände dorthin zurück.

Wasser ist Empfangen.

Holz

Bäume entwickeln ihre Energie, indem sie tief unten in der Erde keimen, ihre Wurzeln ausstrecken und ihren Stamm aus der Erde wachsen lassen. Dann breiten sie ihre Äste aus, an denen sich Blätter öffnen, um Licht und Sonne aufzunehmen, schließlich bringen sie Blüten und Früchte hervor.
Wenn Du diese Figur übst, dann halte Dir ständig diese Art des Wachsens vor Augen.

Wenn Du von der *Wasserposition* zur *Holzposition* übergehst, dann stelle Dir vor, daß Deine Wurzeln sich in die Erde hinunterstrecken, sich dort ausbreiten und verankern.
Beschreibe mit langsamen Schritten einen kleinen Kreis und spüre dabei, wie Deine Energie sich entfaltet und Dich umströmt.
Lasse nun Deine Arme langsam bis in Schulterhöhe aus Deinem Körper herauswachsen wie Äste aus einem Stamm. So dehnst Du Deine Lebensenergie aus und nimmst neue Energienahrung in Dir auf.
Nimm alles in Dir auf, was Du rund um Dich her wahrnimmst – öffne Dich nach außen, und berühre die Welt.
Genieße das Bewußtsein, daß Du alle Deine Möglichkeiten nutzen kannst, während Du ruhig Deine Bahn im Universum ziehst.

Holz ist Wachsen.

Gold

Das *Wachsen von Holz* muß wieder ins *Dantien,* in die Quelle
der Kraft, zurückgeführt und dort bewahrt werden.
Das *Dantien* ist der Schmelztiegel, in dem alle Schätze und Metalle
dieser Welt in pures *Gold* verwandelt werden.

Fange die Energie ein, die Du erzeugt und um Dich herum gefühlt
hast, nimm sie in Dir auf: Kehre aus der Drehung in die
Ausgangsposition des Tai Ji zurück. Sammle mit langsamer,weit
ausholender Bewegung – erst Deines einen und dann Deines
anderen Armes – die Energie ein, und lasse sie in Deine Mitte
(Dantien) sinken.
Wenn Du die Energie mit beiden Armen in Dein Zentrum zurückgeführt hast, konzentriere sie in einem kleinen *Kristall,* der eine
ungeheure Kraft in sich birgt.

Gold ist Konzentrieren.

Erde

Die *Erde* ist die Mutter.
Wir alle kommen aus der *Erde* –
wir sind Teil ihres organischen
Wachstums. Sie ist der Ursprung
unserer schöpferischen Kraft.

Wir machen uns auf den Weg,
das *Gold* zurückzubringen
zu seiner Urquelle, der *Erde*.

Spüre, wie die Anziehung
der *Erde* Dich willkommen heißt,
lasse Deine Arme fallen,
und gib den *Kristall* frei.

Strecke Deine Arme
langsam gen Himmel,
geöffnet wie ein Trichter.
Spüre die Energie über Dir
und die Energie unter Dir.
Werde zum Bindeglied,
zur lebendigen Mitte
zwischen Himmel und Erde.

Kehre nun mit Deinen Armen
langsam zum *Dantien* zurück und
lasse dort diese neue Verbindung
zur Ruhe kommen.

Du bist zum Anfang zurückgekehrt.

Erde ist Heimkommen.

So kannst Du Tai Ji
mühelos in Dein Leben einbeziehen

Jeden Morgen kommen in China viele Menschen aus ihren
Häusern, um in der frischen Luft einige Tai Ji-Bewegungen zu
machen. Die Chinesen glauben, jeder solle seinen Tag damit
beginnen, Körper, Geist und Seele mit der Natur in Einklang
zu bringen. Sie wissen, daß nur der hellwache, mit frischer Energie
gestärkte Mensch seinen täglichen Aufgaben gerecht
werden kann. Die Natur hält für uns einen unerschöpflichen Vorrat
an Möglichkeiten bereit, die wir nutzen können, um »in Gang«
zu kommen und »in Gang« zu bleiben. Mache aus Deiner
Tai Ji-Praxis keine Pflichtübung:

Übe Tai Ji so, daß Dir die Freude
daran erhalten bleibt.
Nimm die Zeit, die Du übst,
als etwas, das Du Dir selbst schenkst,
als Oase der Ruhe
in einem sonst hektischen Tag.

Bedenke: Du hast stets alles bei Dir, was Du für Tai Ji brauchst.
Dein Werkzeug ist Dein Körper:
Er ist auf vollkommene Weise bereit für die Tai Ji-Bewegungen.
Wir müssen nur lernen, ihm zu vertrauen, statt ihn in seinen
natürlichen Funktionen zu behindern.
Übe stets so, als sei es das erste Mal.
Lasse Dein Üben sein wie die Sonne, die jeden Morgen aufs neue
am Horizont erscheint.
Wenn Dir das Üben Freude macht, wirst Du gern weiterüben und
dabei immer mehr Fortschritte machen.
»Macht es mir Freude?« – das also ist die Frage, die Du Dir immer
stellen mußt. Frage niemals: »Ist das gut für mich?«
Die Freude am Üben ist die Freude am Lernen.

Für mich ist das Beglückendste die Freude, stets ein Anfänger im
Tai Ji zu sein. Denn Tai Ji ist ein steter Lernprozeß; man schließt den
Lehrgang niemals ab, sondern folgt ganz einfach seiner eigenen
Entwicklung.

Ein Tai Ji-Anfänger
studiert das Leben und
lernt fürs Leben.

*Spiele auf Deinem Tai Ji-Körper
wie auf einer Bambusflöte.
Hebe sie empor in den Wind –
und sie wird spielen.*

In ihrer Leere wird der Wind zu Musik.

*Belaste Dich nicht mit Muskelpaketen,
stopfe Dich nicht voll
mit irgendwelchen Theorien
und trockenen Informationen.*

*Ein vollgestopfter Körper ist steif,
er kann nicht tanzen.*

Erinnere Dich immer daran,
daß Tai Ji etwas Natürliches ist.

Fische schwimmen, Vögel fliegen
und Menschen bewegen sich –
alle im Tai Ji-Tanz.

Wiederzuentdecken,
welche Anmut
unser tägliches Leben
für uns bereithält –
das ist der Sinn von Tai Ji,
die Freude, die wir
durch Tai Ji erfahren können.

Unser Ursprung ist der Tanz.
Unser ursprüngliches Selbst
ist der Tänzer.

Lasse Dich nicht entmutigen,
wenn Du mit Tai Ji beginnst –
beim ersten Versuch
können gerade die einfachen,
natürlichen Bewegungen
kompliziert und anstrengend
erscheinen.

Öffne Deinen Geist.
Öffne Dein Herz.
Öffne Deinen Körper.

Öffne Dein Selbst.

Entspanne und lächle.

Du *bist* Tai Ji!

*Der Mensch nimmt zum Gesetz die Erde;
die Erde zum Gesetz den Himmel;
der Himmel zum Gesetz den Weg;
der Weg nimmt zum Gesetz das eigene Weben.*

(Lao-tse, Tao-Tê-King, Kapitel 25)

Das chinesische Zeichen für Tao.